Bibliografische Information der Deutschen Nationalbibliothek:

Die Deutsche Bibliothek verzeichnet diese Publikation in der Deutschen National-bibliografie; detaillierte bibliografische Daten sind im Internet über http://dnb.d-nb.de/ abrufbar.

Impressum:

Copyright © 2006 GRIN Verlag, Open Publishing GmbH
Druck und Bindung: Books on Demand GmbH, Norderstedt Germany
ISBN: 9783640570409

Dieses Buch bei GRIN:

http://www.grin.com/de/e-book/146016/beitrag-zum-aufbau-eines-simulationssys-tems-fuer-windenergieanlagen-mit

Hendrik Lippek

Beitrag zum Aufbau eines Simulationssystems für Windenergieanlagen mit SIMPACK

GRIN Verlag

GRIN - Your knowledge has value

Der GRIN Verlag publiziert seit 1998 wissenschaftliche Arbeiten von Studenten, Hochschullehrern und anderen Akademikern als eBook und gedrucktes Buch. Die Verlagswebsite www.grin.com ist die ideale Plattform zur Veröffentlichung von Hausarbeiten, Abschlussarbeiten, wissenschaftlichen Aufsätzen, Dissertationen und Fachbüchern.

Besuchen Sie uns im Internet:

http://www.grin.com/

http://www.facebook.com/grincom

http://www.twitter.com/grin_com

Hochschule für Angewandte Wissenschaften Hamburg
Hamburg University of Applied Sciences

Bachelorarbeit

Hendrik Lippek

Beitrag zum Aufbau eines Simulationssystems für
Windenergieanlagen mit SIMPACK

Fakultät Technik und Informatik
Studiendepartment Informatik

Faculty of Engineering and Computer Science
Department of Computer Science

Hendrik Lippek

Beitrag zum Aufbau eines Simulationssystems für Windenergieanlagen mit SIMPACK

Bachelorarbeit eingereicht im Rahmen der Bachelorprüfung
im Studiengang Technische Informatik
am Studiendepartment Informatik
der Fakultät Technik und Informatik
der Hochschule für Angewandte Wissenschaften Hamburg

Abgegeben am 28. Februar 2006

Hendrik Lippek

Thema der Bachelorarbeit
Beitrag zum Aufbau eines Simulationssystems für Windenergieanlagen mit SIMPACK

Stichworte
Windenergieanlagen, SIMPACK, Mechanische Simulation, Mehrkörpersysteme, Finite Elemente, Fortran

Kurzzusammenfassung
Diese Bachelorarbeit thematisiert den Beitrag zum Aufbau eines Simulationssystems für Windenergieanlagen mit der Mehrkörpersoftware SIMPACK. Dafür wird der Turm einer Windenergieanlage mit SIMPACK modelliert, wobei verschiedene Konzepte getestet und validiert werden. Den Kernpunkt dieser Arbeit stellt die Programmierung von zusätzlichen Programmelementen für SIMPACK dar, mit denen aerodynamische Lasten simuliert und auf das Turmmodell angewendet werden.

Hendrik Lippek

Title of the paper
Contribution to the development of an simulation environment for wind turbines with SIMPACK

Keywords
Windturbines, SIMPACK, mechanical simulation, multibody systems, finite elements, Fortran

Abstract
This bachelor thesis consists of the contribution to the construction of a simulation system for wind turbines with the multi-body systems software SIMPACK. A tower of a wind turbine is modelled within SIMPACK whereby multiple concepts are tested and validated. The main part of this project consists of programming additional elements for the SIMPACK code which simulate aerodynamic loads which are than applied on the model of the tower.

Inhaltsverzeichnis

Tabellenverzeichnis

Abbildungsverzeichnis

Bearbeitete Aufgaben

Aufgabe	Kapitel
Installation und Inbetriebnahme von SIMPACK und Compaq Visual Fortran	-
Einarbeitung in die Grundlagen der Mechanik und die Theorie flexibler Körper	-
Einarbeitung in SIMPACK	2.1
Aufbau eines Windenergieanlagen-Turms als Mehrkörpermodell mit SIMPACK	2.3
Aufbau eines Turms als flexibles Modell mit SIMPACK und SIMBEAM	2.2
Aufbau des Turmmodells in RSTAB und Vergleich der Ergebnisse	2.2.1, 2.2.2, 4
Einarbeitung in das Konzept der Userroutinen	3.3
Erstellung eines Konzeps zur Windlastberechnung mit den Userroutinen	3.1, 3.4
Entwurf von Dateiformaten für Wind- und Parameterdaten	3.4, A.4, A.5
Programmierung von Routinen zum Einlesen von (Wind-) Dateien	3.4, A.3
Programmierung von Routinen zur räumlichen und zeitlichen Interpolation von Windfeldern	3.4, A.3
Programmierung von Routinen zur Berechnung von Lasten aus Windgeschwindigkeiten	3.1, A.3
Analyse der mit den Userroutinen berechneten Zeitreihen	4
Entwicklung eines Skrips zur automatisierten Berechnung und formatierten Ergebnisausgabe mit QSA	3.5, A.6
Erstellung eines Preprozessors, um SIMPACK-Modelle aus tabellierten Parametern zu erstellen.	3.6

Tabelle 0.1.: Aufgaben die im Rahmen dieser Bachelorarbeit bearbeitet wurden

Verwendete Formelzeichen und Abkürzungen

Symbol	Einheit	Erläuterung
A	m^2	Fläche
ASCII	-	American Standard Code for Information Interchange
c_w	-	Widerstandsbeiwert
CAD	-	Computer Aided Design
D	Ns/m	Dämpfung
D_A	m	Außendurchmesser
ΔT	s	Abstand zwischen 2 Zeitpunkten
ΔY	m	Abstand zwischen 2 Stützpunkten auf der Y-Achse
ΔZ	m	Abstand zwischen 2 Stützpunkten auf der Z-Achse
DLL	-	Dynamic Link Library
E	N/m^2	Elastizitätsmodul
F_i	N	Kraft am Punkt i
FE	-	Finite Elemente
GL Wind	-	Germanischer Lloyd WindEnergie GmbH
I	m^4	Flächenträgheitsmoment
K	-	Steifigkeit
l	m	Länge
M	kg	Masse
M_i	Nm	Moment um Punkt i
MKS	-	Mehrkörpersystem
N	N	Normalkraft
p	$N \cdot m^{-2}$	Druck
q_i	N/m	Streckenlast am Punkt i
ρ	Kg/m^3	Luftdichte
σ	N/m^2	Spannung
t	m	Wandstärke
T_{Max}	s	Anzahl Zeitpunkte in der Winddatei
u	m	Auslenkung
USR	-	User Defined Subroutine
v	m/s	Windgeschwindigkeit
VBA	-	Visual Basic for Applications
W	m^3	Widerstandsmoment
WEA	-	Windenergieanlage
Y_{Max}	m	Anzahl der Stützpunkte auf der Y-Achse
Y_{Offset}	m	Offset der Y-Positionen
Z_{Max}	m	Anzahl der Stützpunkte auf der Z-Achse
Z_{Offset}	m	Offset der Z-Positionen

Tabelle 0.2.: Verwendete Formelzeichen und Abkürzungen

1. Einführung

1.1. Allgemeines

Die Windenergie ist in Deutschland mit einer derzeitig installierten Leistung von fast 17000 MW und über 17000 Anlagen der produktivste Bereich der erneuerbaren Energien [windpower-monthly, 2005].

Zur Zeit werden Windenergieanlagen (WEA) für eine Betriebsdauer von mindestens 20 Jahren ausgelegt [GLWind-Richtlinie, 2003]. Während der gesamten Lebensdauer erfährt eine WEA wechselnde dynamische Belastungen, die u.a. durch das auf sie wirkende Windfeld und die eigenen Massenkräfte verursacht werden.

Die *Germanischer Lloyd WindEnergie GmbH* (GL Wind) zertifiziert Typen von WEA. Zur Untersuchung der Schädigung, die eine WEA im Laufe ihrer Lebensauer erfährt, werden zum einen die extremsten Beanspruchungen berechnet (ausgelöst durch starke Böen, Erdbeben, oder bei der Montage), und zum anderen erfährt eine WEA als ein schwingungsfreudiges System durch die kontinuierlich wechselnden (Wind-) Lasten erhebliche Auslenkungen und Beschleunigungen, welche die Struktur der Bauteile auf Dauer schädigen.

In bisherigen Simulationsmodellen von WEA werden elastische Verformungen und die sich daraus ergebenden Belastungen für den Turm und die Rotorblätter der Anlagen und in stark vereinfachter Form für den Triebstrang untersucht. Hierzu dienen speziell für diesen Anwendungsfall entworfene Simulationsprogramme. Die einzelnen Bauteile einer WEA wie Blätter, Turm, Triebstrang und Getriebe werden in diesen Programmen nur stark vereinfacht abgebildet.

Mehrkörpersysteme (MKS) bieten die Möglichkeit, mechanische Bauteile von WEA wie z.B. den Triebstrang realitätsnäher abzubilden. So kann u.a. der Einfluss elastischer Strukturen auf das Betriebsverhalten untersucht werden.

Zu diesem Zweck hat GL Wind die kommerzielle MKS Software SIMPACK erworben. Bei GL Wind wurde SIMPACK bisher nur in ersten Versuchen zur Modellierung von Getrieben verwendet. Es existieren für SIMPACK noch keine Erfahrungen über den Aufbau von großen elastischen Körpern und die Erweiterungsmöglichkeiten über die Programmierschnittstelle *User defined Subroutines* (USR). Innerhalb dieser Bachelorarbeit wird die Anwendbarkeit von SIMPACK für die Lastberechnung von WEA untersucht. Neben einem Konzept zum Aufbau eines Modells eines WEA-Turms in SIMPACK beschäftigt sich der Hauptteil dieser Arbeit mit der Programmierung von Routinen zur Verarbeitung von Windfeld-Dateien. Diese dienen als Eingabeparameter für die Berechnung von aerodynamischen Lasten. Über die in SIMPACK als Zusatzmodul enthaltene Programmierschnittstelle User Routines können diese Erweiterungsroutinen in Fortran 90 programmiert werden.

Alle für die Modelle verwendeten Daten basieren auf dem WEA-Typ S88 des Unternehmens *Suzlon Energy GmbH*. Die Daten wurden für diese Bachelorarbeit freundlicherweise vom Hersteller zur Verfügung gestellt, mit der Auflage, dass sie in öffentlich einsehbaren Versionen dieser Arbeit nicht enthalten sind. Die S88 mit einem Rotordurchmesser von 88 Metern, einer Nabenhöhe von 80 Metern und einer Nennleistung von 2 MW entspricht in Dimension und Leistung einer typischen WEA auf dem heutigen Stand der Technik.

1.2. Zielsetzung

Mit dieser Arbeit soll gezeigt werden, ob es mit der MKS-Software SIMPACK möglich ist, ein Simulationssystem für WEA aufzubauen. MKS-Simulationen werden in ihren üblichen Anwendungsgebieten nicht für große elastische Körper betrieben. Deshalb wird ihre Anwendbarkeit für die Simulation von WEA in dieser Arbeit untersucht. Die ersten Arbeitsschritte für diese Arbeit bestehen darin, die Möglichkeiten zu untersuchen, wie ein Modell einer WEA mit SIMPACK erstellt werden kann. Konkret wird in dieser Arbeit das Modell eines Turms der S88 WEA in SIMPACK erstellt.

Zur Anwendung zeitabhängiger dynamischer Lasten, wie sie durch ein Windfeld erzeugt werden, auf ein in SIMPACK erstelltes Modell ist die Programmierung von zusätzlichen (Kraft-) Elementen erforderlich. Als Schnittstelle hierzu bietet SIMPACK die USR. Diese bieten die Möglichkeit, die Funktionalitäten des Programms durch selbst programmierte *Dynamic Link Libraries* (DLL) zu erweitern. Im Rahmen dieser Arbeit werden Routinen programmiert, die Windfelder einlesen, diese räumlich und zeitlich interpolieren und aus den Windstärken und -richtungen Kräfte berechnen, die auf ein MKS-Modell des Turms einer WEA wirken.

Des Weiteren werden in dieser Bachelorarbeit die Möglichkeiten der Anpassung der Ein- und Ausgaben von SIMPACK an die Anforderungen des GL Wind untersucht. Hierbei geht es vor allem darum, dass ein Modell einer WEA mit geringem zeitlichem Aufwand aus den Anlagenparametern erstellt werden kann. Eine aufwendige Modellerstellung über die grafische Schnittstelle des in SIMPACK enthaltenen *Computer Aided Design*- (CAD) Moduls soll vermieden werden.

1.3. Aufbau der Arbeit

Diese Arbeit beginnt mit einer Einführung in die Bedienung von SIMPACK. Im Kapitel 2 Modellaufbau in SIMPACK werden die Grundkonzepte eines MKS-Systems beschrieben und diskutiert, in welcher Weise diese für die Simulation von WEA nützlich sein können. Danach werden die Schritte beschrieben, die zur Erstellung eines Modells von einem WEA-Turm mit SIMPACK notwendig sind. Dabei wird das Vorgehen erläutert, welches sich im Laufe dieser Arbeit als am vielversprechendsten herausgestellt hat. Andere Ansätze werden kurz vorgestellt.

Im Kapitel 3 Programmiertechnische Erweiterungen werden die Möglichkeiten gezeigt, mit denen SIMPACK über den normalen Funktionsumfang hinaus erweitert werden kann.

Den Kernpunkt dieser Arbeit stellt die Erweiterung von SIMPACK durch die Anbindung von eigenen Routinen zur Berechnung von Windlasten dar. Hier werden Schritt für Schritt die im Rahmen dieser Arbeit entwickelten Routinen vorgestellt, welche auf der Basis von Winddateien Lasten berechnen, die auf das Modell des Turms einer WEA wirken. Dabei wird der strukturelle Aufbau der Routinen und das Zusammenspiel von MKS-Simulation und USR erläutert.

Des weiteren werden hier Konzepte zur automatisierten Erstellung von SIMPACK-Modellen diskutiert und Automatisierungen bei der Berechnung und Ergebnisdarstellung gezeigt.

Im Kapitel 4 Ergebnisse/Schlussfolgerungen werden die Resultate der Verifizierung des in SIMPACK erstellten Modells anhand der SIMPACK-Berechnungen und den Ergebnissen anderer Berechnungsprogramme gegenübergestellt und diskutiert.

Im Kapitel 5 Fazit wird die Anwendbarkeit von SIMPACK als zukünftiges Lastberechnungsprogramm für WEA besprochen. Des Weiteren werden die Schritte beschrieben, die noch zur Erstellung eines vollständigen Modells einer WEA notwendig sind.

2. Modellaufbau in SIMPACK

Def.: Mehrkörper-Simulation

*Eine **Mechanische Simulation**, auch Mehrkörper-Simulation oder kurz MKS, ist ein nachgebildetes System zur näherungsweisen Beschreibung realer Problemstellungen. Beim Erstellen einer solchen Simulation wird heute normalerweise auf in einem CAD-System erstellte Geometrie-Daten zurückgegriffen. ... Eine Mehrkörpersimulation ist eigentlich eine Verkettung verschiedener gewöhnlicher und partieller Differentialgleichungen zur möglichst genauen Abbildung eines realen Systems. Aufgebaut ist dies hinter einer Oberfläche, die verschiedene Körper im Hintergrund mit der dazu passenden Gleichung verbindet (daher auch Mehrkörper-simulation). So lässt sich relativ schnell ein komplexes System von Differentialgleichungen aufstellen und durch den Computer auch lösen.*

[Wikipedia, 2005, Zitat]

Abbildung 2.1.: Getriebe einer WEA als MKS-Modell [INTEC-Angebot, 2005]

Eine MKS-Software löst die Bewegungsgleichung

$$M\ddot{u} + D\dot{u} + Ku = F_{ext} \qquad (2.1)$$

mit M   Masse
     D   Dämpfung
     K   Steifigkeit
     u Auslenkung
     $\dot{}$ Ableitung nach der Zeit
     F_{ext} Externe Kraft

für mehrere gekoppelte Körper. Aus dieser Bewegungsgleichung können dann, durch die Summierung der inneren und äußeren Kräfte, die zwischen den Körpern wirkenden Schnittkräfte bestimmt werden [Grote und Feldhusen, 2004].

MKS-Systeme eignen sich zur Lastberechnung an beweglichen, mechanischen Systemen wie WEA. Eine WEA besteht aus vielen beweglich miteinander verbundenen Teilen (Rotorblätter, Getriebe, Generator, Turm). Eine besondere Eigenschaft von WEA ist ihre weiche Struktur. Deshalb sind elastische Verformungen, die an ihr auftreten nicht vernachlässigbar. Die durch Verformung auftretenden Schwingungen beeinflussen sowohl Massenkräfte, als auch die auf der Anlage wirkenden aerodynamischen Kräfte (*aeroelastische Kopplung*). [Dowell, 1980] Aus diesem Grund ist es wichtig, die Verformung der Hauptkomponenten und die Wechselwirkungen bei einer Simulation zu berücksichtigen. Eine MKS-Software bietet die Möglichkeit, diese Systeme einzeln zu modellieren und zu einem Gesamtsystem zu verbinden. Kräfte und Momente, die ein Körper erfährt, werden an ihren Verbindungsstellen (Joints) an die angrenzenden Körper weitergegeben. So wirkt sich eine am Rotor eingeleitete Kraft durch die Maschine und den Turm hindurch bis in das Fundament aus. In bisherigen Lastrechnungsprogrammen wurde das elastische Verhalten und dessen Auswirkungen nur für die Rotorblätter, den Turm und stark vereinfacht den Triebstrang untersucht. Die Untersuchung des Einflusses dieser Belastungen auf die einzelnen mechanischen Komponenten wie das Getriebe und den Generator einer WEA blieben dabei außen vor. Gerade bei der zunehmenden Größe heutiger WEA spielen die Lasten an diesen Komponenten eine immer größere Rolle. Mit Hilfe von MKS soll es möglich werden an unterschiedlichen Schnitten innerhalb des WEA-Modells Kräfte und Bewegungen zu bestimmen. Des weiteren sollen die Eigenfrequenzen der Hauptkomponenten (Turm, Blätter, Triebstrang) einer WEA bestimmt werden können.

2.1. Definition der Elemente in SIMPACK

Reference Frame:	Ortsfestes Koordinatensystem (z.B. Erdboden), in dem das Modell aufgebaut wird. Der Grundmarker des 1. Bodys im Modell ist immer mit dem Referenzframe verbunden.
Body:	Ein Körper, der durch seine geometrische Form, eine Masse und ein Massenträgheitsmoment definiert wird. Besitzt ein eigenenes lokales Koordinatensystem, welches sich mit dem Körper bewegt.
Marker:	Eine Markierung im Raum, relativ zum Koordinatensystem eines Körpers oder zum Reference Frame. Kann fest im Reference Frame sein oder im Koordinatensystem eines Bodys liegen.
Joint:	Eine Verbindung zwischen 2 Bodies. Kann 0 - 6 Freiheitsgrade besitzen. Freiheitsgrade sind die Bewegungsmöglichkeiten, die ein Körper besitzen kann (Translation/Rotation in/um die 3 Raumachsen). Freiheitsgrade können einzeln freigegeben oder unterdrückt werden. Mit Joints wird festgelegt, wie sich ein Körper zu einem anderen bewegen kann.
Force:	Eine Kraft (ggf. veränderlich), welche von einem Marker gegen einen anderen Marker wirkt. Komponentenkräfte können abhängig von ihrem Typ in mehreren Richtungen und um mehrere Achsen gleichzeitig wirken. Entsprechend der Freiheitsgrade der Joints wirkt sich eine Kraft durch Verschiebungen von Körpern aus. Über die USR-Schnittstelle können eigene Kraftelemente entwickelt werden.
Sensor:	Kann an Markern platziert werden und zeichnet die Veränderung von Position, Geschwindigkeit und Beschleunigung relativ zu einem anderen Marker über den Zeitverlauf hinweg auf.

Tabelle 2.1.: Elemente in Simpack

Tabelle 2.1. erklärt die wichtigsten Elemente, aus denen in der MKS-Software SIMPACK Modelle aufgebaut werden. Weitere Komponenten wie flexible Elemente, Schnittsegmenten und Materialien sind Bestandteil des Zusatzmoduls SIMBEAM und werden im Kapitel 2.2. näher erläutert.

2.2. Das flexible Modell

2.2.1. Aufbau des Modells

Def.: Balkenmodell

Der Begriff Balkenmodell bezeichnet die Darstellung eines länglichen Körpers (Balken) und seiner elastischen Eigenschaften, dessen Materialkennwerte und geometrische Form an verschiedenen Schnitten innerhalb des Balkens bekannt sind. Eine Rohrkonstruktion, wie sie der Turm einer WEA darstellt, kann durch die Bestimmung der Querschnittsfläche (Gl.2.2) an den einzelnen Schnitten als Balkenmodell dargestellt werden.
[Gummert und Reckling, 1986], [Ostermeyer, 1997 / 1998]

$$A = \left[\left(\frac{1}{2} D_A \right)^2 \cdot \pi \right] - \left[\left(\frac{1}{2} D_A - t \right)^2 \cdot \pi \right] \qquad (2.2)$$

mit A   Querschnittsfläche
D_A Außendurchmesser
t   Wandstärke

Hieraus ergeben sich die Verteilungen von Flächenträgheitsmomenten, Steifigkeiten und Massen entlang des Balkens. Es soll hier nicht tiefer auf die Theorie flexibler Körper eingegangen werden. Für eine genauere Beschreibung siehe [Grote und Feldhusen, 2004].

SIMBEAM

SIMBEAM ist ein in SIMPACK integriertes Modul zur Erstellung von einfachen, elastischen Modellen (Balkenmodellen) mit Hilfe von Finiten Elementen (FE). Mit diesen Balkenmodellen lassen sich die flexiblen Komponenten einer WEA (Turm, Rotorblätter) hinreichend genau darstellen. Zur Validierung des Biegeverhaltens und der Eigenfrequenzen der mit SIMBEAM erstellten Modelle dient ein parallel mit der FE Software RSTAB erstelltes Modell des S88 Turms.

RSTAB ist eine kommerzielle FE Software zur Modellierung von räumlichen Stabwerken. Bei GL Wind wird RSTAB standardmäßig für die Berechnung von WEA-Türmen eingesetzt. [RSTAB]

Vorgehensweise:

Zunächst wird in SIMPACK ein massiver Körper erstellt, der die Ausmaße der Form des zu modellierenden Körpers besitzt, siehe Abb.2.2..

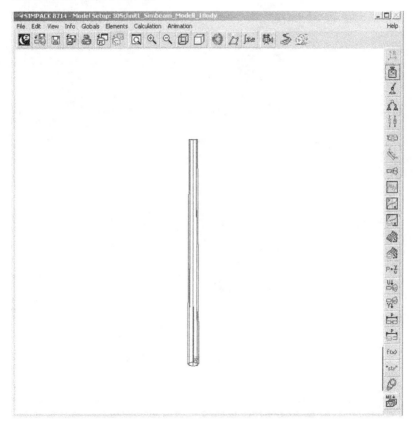

Abbildung 2.2.: Body des Turms in SIMPACK

Anschließend werden innerhalb dieses Körpers an den Positionen der zuvor ausgewählten Schnittsektionen Marker platziert. Der nächste Schritt besteht darin, das Materialverhalten des Turms zu definieren. Bei der S88 handelt es sich um einen Stahlrohrturm. Die Materialeigenschaften werden durch die in Tabelle 2.2. gezeigten Kennwerte definiert.

Density in Kg/m^3	7850
Young Modulus in N/m^2	$2.1 \cdot 10^{11}$
Poisson Ratio	0.3
G-modulus in N/m^2	$8.1 \cdot 10^{10}$
Modal Damping	0.02

Tabelle 2.2.: Definition: Stahl

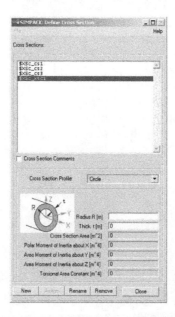

Abbildung 2.3.: SIMBEAM-Eingabemaske für Schnittsektionen

Anschließend können einzelne, flexible Komponenten definiert werden. Diese gehen jeweils von einem Marker zu einem anderen Marker. Jeder flexiblen Komponente kann **ein** Material und **eine** Schnittsektion zugewiesen werden.

SIMBEAM bietet mehrere, vorgefertigte, geometrische Formen für die Schnitte, an denen die flexiblen Elemente definiert werden. Für den Turm eignet sich das Rohrelement als Vorlage, siehe Abb.2.3. Hier müssen nur der Außenradius und die Wandstärke am jeweiligen Schnittt als Parameter manuell angegeben werden. Die Schnittfläche und die Steifigkeit berechnet SIMBEAM. Für andere Formen bietet SIMBEAM auch eine allgemeine Einstellung, in der alle Parameter von Hand eingestellt werden können. Außerdem muss die Ausrichtung der

Abbildung 2.4.: SIMBEAM-Eingabemaske für flexible Komponenten

Schnittsektion in Form eines Vektors angegeben werden, siehe Abb.2.4. SIMBEAM stellt aus den Eingabedaten die Steifigkeits- und Massenmatrix für den flexiblen Körper auf, und erstellt ein .fbi File, welches mit dem SIMPACK Modul FEMBS weiterbearbeitet werden kann.

Da in dieser Arbeit nur der Turm einer WEA modelliert wird, muss im Modell eine Ersatzmasse am Turmkopf angebracht werden, welche dem Gewicht von Rotorblättern, Nabe und Gondel entspricht. Diese Masse wird mit einem Joint ohne Freiheitsgrade mit dem Turmkopf verbunden. Wenn in späteren Modellen der Turmkopf mit Gondel und Rotor erstellt worden sind, können diese einfach die Ersatzmasse ersetzen.

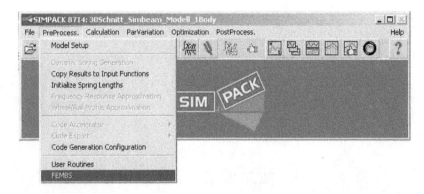

Abbildung 2.5.: Aufruf von FEMBS

FEMBS

FEMBS ist eine Schnittstelle von SIMPACK zum Einlesen von FE-Strukturen. Neben Strukturdateien aus SIMBEAM können auch welche aus FE-Programmen wie ANSYS oder
NASTRAN eingelesen werden. Die Strukturdateien werden über die FEMBS Schnittstelle in
SIMPACK eingelesen, und dort als Parameter einer elastischen Struktur den zuvor definier-
ten Bodies des MKS-Modells zugewiesen. Das bedeutet, dass die Modelle für SIMPACK wie
feste Bodies aussehen, deren Marker sich aber entsprechend der flexiblen Struktur gegen-
einander verschieben können. Der Aufruf von FEMBS erfolgt über das SIMPACK-Hauptmenü
Abb.2.5. Es muss hier die .fbi-Datei der in SIMBEAM erstellten flexiblen Struktur eingelesen
werden. Weiterhin muss angegeben werden, wieviele Eigenformen für die Berechnung des
dynamischen Verhaltens verwendet werden sollen.

Alle Schritte, die erforderlich sind um mit SIMPACK und SIMBEAB ein Modell von einem
elastischen Korper zu erstellen, sind in Abb.2.6. zusammengefasst.

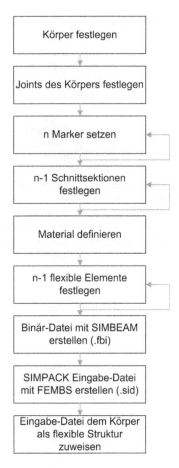

Abbildung 2.6.: Schritte zur Erstellung eines elastischen Körpers mit SIMPACK

2.2.2. Analyse des flexiblen Modells

Zur Verifizierung der mit SIMBEAM berechneten, flexiblen Struktur wurden die Steifigkeiten der einzelnen Schnitte mit dem parallel in RSTAB erstellten Modell verglichen, (siehe Kapitel 4). SIMBEAM und RSTAB berechnen die Steifigkeiten identisch.

Da in der Grundeinstellung von SIMPACK nur 20 flexible Komponenten in einem Modell vorhanden sein dürfen, wurde zunächst für ein feineres Turmmodell mit 30 Schnitten der Turm in 2 massive Körper aufgeteilt und in einzelnen Projekten die FE-Strukturen für die jeweiligen Bodies berechnet. Die beiden Körper wurden in einem weiteren Projekt fest (0 Freiheitsgrade) miteinander verbunden. Hierbei ergaben sich bei der Auslenkung der einzelnen Schnitte im oberen Turmsegment erhebliche Abweichungen von der Parallelrechnung mit RSTAB, (siehe hierzu auch Abb.4.3.)

Die Ursache hierzu liegt in den Eigenschaften des MKS-Systems:

Da der obere Körper an einem Joint mit 0 Freiheitsgraden hängt, werden die Trägheitsmomente des Körpers so berechnet, als ob er einseitig fest eingespannt ist. Tatsächlich verschiebt sich dieser Joint (und damit auch der Body) jedoch mit der Auslenkung des unteren Turmsegments. Die maximalen Anzahlen für alle SIMPACK-Elemente können in einem zum jeweiligen Projekt gehörenden Konfigurationsfile erhöht werden. Bei Modellen mit mehr als 100 flexiblen Komponenten kann es bei der Berechnung mit SIMBEAM zu Speicherproblemen des Systems kommen. Zur Reduzierung der Größe der Daten kann SIMBEAM auf die Berechnung von geometrischen Steifigkeitsmatrizen verzichten. Dies führt allerdings zu Ungenauigkeiten in den Ergebnissen (> 5 % der Eigenfrequenz des Systems), welche für unsere Berechnungen nicht tolerierbar sind.

Ausgabe von Eigenwerten

Zur Überprüfung der dynamischen Eigenschaften werden die Eigenfrequenzen (Eigenwerte) des Systems bestimmt. Eigenwerte zeigen das Resonanzverhalten eines Systems. Es lassen sich so viele Eigenfrequenzen wie Gesamtfreiheitsgrade ermitteln. Für Turmstrukturen sind bestenfalls die ersten 3 Eigenfrequenzen in jeder Richtung wichtig. Es wird davon ausgegangen, dass Frequenzen >5Hz keinen großen Einfluss haben.

Nach der Berechnung der Eigenwerte eines Modells schreibt SIMPACK die Eigenfrequenzen und Eigenformen des Systems in eine Ausgabedatei (eva-File). Allerdings wird für jeden Body nur ein Eigenvektor erzeugt. Bei diesem Modell, in dem der Turm aus einem einzelnen Body besteht und eine flexible SIMBEAM Struktur besitzt, ist es dementsprechend nicht möglich, Eigenformen für die einzelnen Schnitte innerhalb des Bodies auszugeben. Nach Angaben von Intec [Simpack-Support] ist eine derartige Ausgabemöglichkeit in Planung. Bis dahin muss der folgende Workaround verwendet werden:

Auf den Positionen der einzelnen Schnittsegmente wird jeweils ein zusätzlicher (Dummy-) Body, der fest mit dem Turm verbunden ist, erstellt. Die Masse des Bodies muss so klein gewählt werden, dass sie auf die Berechnung des Systems keinen nennenswerten Einfluss nimmt. Die Berechnung der Eigenwerte liefert dann für jeden dieser Dummy-Bodies eine Eigenform, die der Eigenform der jeweiligen Schnittsektion entspricht.

Eine grafische Darstellung der ersten 3 Eigenformen des S88 Turms ist im Anhang A.2. zu finden.

Ausgabe von Schnittkräften

Schnittkräfte bzw. Knotenkräfte sind die Kräfte, die innerhalb eines Körpers an einem Schnitt wirken. Sie resultieren aus den außen anliegenden Kräften und den Materialeigenschaften (Gl.2.3). Schnittkräfte sind für die dynamische Belastungsanalyse erforderlich, damit nachgewiesen werden kann, dass innerhalb des Materials keine Spannungen auftreten, die über die zulässigen Spannungen hinaus gehen. (Gl.2.4)

$$\sigma = \frac{M_b}{W} + \frac{N}{A}, \qquad E I u'' = M_b \qquad (2.3)$$

$$\sigma_{ist} \leq \sigma_{zul}. \qquad (2.4)$$

mit σ Spannung
     M_b Biegemoment
     W Widerstandsmoment
     u Auslenkung
     N Normalkraft
     A Querschnittsfläche
     E Elastizitätsmodul des Werkstoffes
     I Flächenträgheitsmoment

SIMPACK bietet zur Zeit keine Möglichkeit, Kräfte innerhalb eines flexiblen Körpers auszugeben. An den Verbindungen zwischen zwei Bodies können diese als sogenannte Joint-Forces ausgegeben werden. Möchte man diese Kräfte dennoch erhalten, so gibt es 2 Möglichkeiten dazu:

1. Ein Export der berechneten Ergebnisse in ein FE-Programm, mit dem dann die Knotenkräfte für jedes Element bestimmt werden können. Für diesen Export dient die LOADS-Schnittstelle von SIMPACK.

2. Ein Aufbau des Modells aus mehreren Bodies. Das Modell wird aus einzelnen Bodies so zusammengebaut, dass an den gewünschten Ausgabepunkten jeweils ein Joint

zwischen den Bodies existiert. Dieser Joint besitzt dann 0 Freiheitsgrade. Die flexible Bal-
kenstruktur muss für alle Bodies einzeln bestimmt und zugewiesen werden.

Zukünftige Versionen von SIMPACK sollen die Möglichkeit der Ausgabe von Schnittkräften
beinhalten. [Simpack-Support]

2.3. Aufbau als Mehrkörper-Modell

Hier soll gezeigt werden, dass es theoretisch auch ohne die Nutzung von FE möglich ist, das
statische und dynamische Verhalten des Turmes zu simulieren. Der Grundgedanke bei diesem Modell besteht darin, dass ein flexibler Körper dadurch idealisiert wird, indem man ihn
aus mehreren festen Körpern erstellt, und diese flexibel mit Federn verbindet. Hierzu werden Federelemente verwendet, die zwischen den Turmsegmenten befestigt sind und eine
Verschiebung in der horizontalen Ebene zulassen. Eine Biegung des Turmes sollte danach
wie in Abb.2.8. dargestellt aussehen. Eine durch die Massenschwerpunkte der einzelnen
Bodys gelegte Kurve sollte der tatsächlichen Biegelinie des Turmes näherungsweise entsprechen. Bei einer entsprechenden Anzahl von Elementen sollte auch die Berechnung der
ersten Eigenfrequenzen möglich sein.

Abbildung 2.7.: Ausgelenktes MKS-Modell (überzeichnet)

Fazit: In mehreren Ansätzen ließen sich die Federsteifigkeiten für die einzelnen Segmen-
te nicht exakt berechnen. Weder die Turmkopfauslenkung noch die Eigenfrequenzen des
Mehrkörpermodells lagen im Erwartungsbereich. Der Aufwand für die Weiterverfolgung dieses Modellierungskonzepts erschien unvertretbar hoch. Ein entsprechender Ansatz ist von

der TU Dresden veröffentlicht worden [TU-Dresden, 1997]. Dieser Ansatz wurde hier nicht weiter verfolgt, da er den Rahmen dieser Arbeit übersteigen würde.

3. Programmiertechnische Erweiterungen

Für die Simulation von WEA und die Berechnung der Belastung, die eine Anlage während ihrer Laufzeit erfährt, ist es ist es notwendig, die WEA Lastfällen auszusetzen, welche der Realität annähernd entsprechen. Hauptsache der Belastungen bei einer WEA ist der Wind. Am Beispiel des Turmes werden in diesem Kapitel die Methoden der Simulation gezeigt. Hierzu werden als Grundlage für die Lastberechnung tabellierte Windfelder benutzt, welche für ein Zeitintervall die Windstärken und Windrichtungen in einem bestimmten Koordinatenbereich darstellen.

Gezeigt wird der Aufbau einer softwaretechnischen Lösung, die auf Basis dieser Winddateien Kräfte und Momente berechnet, und diese auf den Turm wirken lässt.

Des weiteren wird untersucht, wie weit sich der Aufbau eines Simulationsmodells auf der Basis von tabellierten Eingabeparametern automatisieren lässt. Aufgrund der großen Ähnlichkeit der Turmgeometrien bei verschiedenen WEA soll es ermöglicht werden, das Modell des Turms anhand einer Parameterliste automatisch zu generieren.

3.1. Berechnung von Windlasten

Wind ist örtlich und zeitlich variabel. Das bedeutet, dass an jedem Punkt zu jedem Zeitpunkt sowohl Windgeschwindigkeit als auch Richtung zu ermitteln sind. [Eggleston und Stoddard, 1987] Als Eingabewerte für die Windlastberechnung werden Winddateien benutzt. In diesen Winddateien werden für eine Anzahl an Raumpositionen und Zeitschritten Windgeschwindigkeiten aufgeteilt in X-, Y- und Z-Komponenten gespeichert.

Die Winddatei
In der Winddatei werden Windgeschwindigkeiten zu verschiedenen Raumpunkten gespeichert. Die Geschwindigkeiten sind als Vektoren gespeichert.

$$\vec{v} = \{X, Y, Z\} \tag{3.1}$$

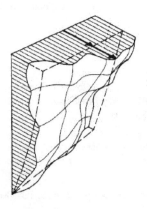

Abbildung 3.1.: Turbulentes Windfeld [Eggleston und Stoddard, 1987]

Diese Vektoren sind in einer 3-dimensionalen Matrix angeordnet, deren Y- und Z-Achse die Fläche aufspannen, die in einem Zeitschritt auf das Simulationsmodell trifft. Die X-Achse stellt die Zeitachse dar. Die Zeitachse wird mir der durchschnittlichen Windgeschwindigkeit durchschritten. Es kann also für jeden Knotenpunkt im Raum die Windrichtung und Windgeschwindigkeit ermittelt werden. Werte zwischen den Knoten können interpoliert werden, siehe Kapitel 3.4.4. und Abb.3.6.

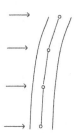

Abbildung 3.2.: Durch Windlast gebogener Turm

Da sich der Turm mit der auf ihn wirkenden Last verformt Abb.3.2., muss die Berechnung der Ersatzkräfte und -momente im lokalen Koordinatensystem des jeweiligen Knotens erfolgen.

Deshalb muss der Windvektor zunächst aus dem globalen System in das Lokale transformiert werden.

$$\vec{v_L} = T \cdot \vec{v_G} \tag{3.2}$$

mit $\vec{v_L}$ Windvektor im lokalen Koordinatensystem
$\vec{v_G}$ Windvektor im globalen Koordinatensystem
T Transformationsmatrix

Da der Turm durch die Einwirkung von wechselnden Windlasten in Schwingung gerät, ist es erforderlich, die Windgeschwindigkeit relativ zur Eigenbewegung des Turms an den einzelnen Knotenpunkten zu bestimmen.

Hierbei gilt für die relative Windgeschwindigkeit aus Sicht des Knotens am Turm:

$$\vec{v_{relativ}} = \vec{v_{Wind}} - \vec{v_{Knoten}} \tag{3.3}$$

mit $\vec{v_{relativ}}$ relativer Windvektor
$\vec{v_{Wind}}$ Windvektor
$\vec{v_{Knoten}}$ Vektor der Eigenbewegung des Knotens

Die Berechnung der, aus der Windgeschwindigkeit resultierenden, Kräfte und Momente erfolgt für die beiden horizontalen Achsen (X, Y) in 3 Schritten. Entlang der vertikalen Z-Achse treten nur Reibungskräfte auf, die vernachlässigbar sind.

1. Berechnung des Staudrucks

Die Formel zur Berechnung des Drucks im Staupunkt eines Turms lautet:

$$p = \frac{\rho \cdot v^2}{2} \tag{3.4}$$

mit p Druck im Staupunkt
ρ Luftdichte
v Windgeschwindigkeit

2. Berechnung der Streckenlast des Windes an einem Querschnitt des Turms

$$q = p \cdot c_w \cdot D \tag{3.5}$$

mit   q   Streckenlast
         p   Druck im Staupunkt
        c_w Widerstandsbeiwert des Turms
        D   Durchmesser des Turms am betrachteten Querschnitt

3. Berechnung der Ersatzkräfte und -momente gegen den Punkt, die einer Strecken-last entsprechen

Die allgemeine Formel zur Berechnung der Ersatzkräfte und -momente für die Streckenlasten q_1 und q_2 lautet: [Grote und Feldhusen, 2004]

$$F_1 = \frac{l}{20} \cdot (7q_1 + 3q_2) \tag{3.6}$$

$$F_2 = \frac{l}{20} \cdot (7q_2 + 3q_1) \tag{3.7}$$

$$M_1 = \frac{l^2}{60} \cdot (3q_1 + 2q_2) \tag{3.8}$$

$$M_2 = \frac{l^2}{60} \cdot (3q_2 + 2q_1) \tag{3.9}$$

mit F_1, F_2 Ersatzkräfte an den Punkten 1, 2
       M_1, M_2 Ersatzmomente um die Punkte 1, 2
       l   Abstand: Punkt1 - Punkt2
       q_1, q_2 Streckenlasten an den Punkten 1, 2

Hieraus ergeben sich für den Anwendungsfall „Ersatzkräfte und -momente für die Streckenlast gegen einen Punkt am Turm" (siehe auch: Abb.3.3.) die folgenden Gleichungen:

$$F_i = \left[\frac{l_1}{20} \cdot (7q_i + 3q_{i-1})\right] + \left[\frac{l_2}{20} \cdot (7q_i + 3q_{i+1})\right] \tag{3.10}$$

$$M_i = \left[\frac{l_1^2}{60} \cdot (3q_i + 2q_{i-1})\right] - \left[\frac{l_2^2}{60} \cdot (3q_i + 2q_{i+1})\right] \tag{3.11}$$

mit F_i Ersatzkraft am Punkt i
    M_i Ersatzmoment um Punkt i
    l_1 Abstand: Punkt i-1 - Punkt i
    l_2 Abstand: Punkt i - Punkt i+1
    q_{i-1}, q_i, q_{i+1} Streckenlasten an den Punkten i-1, i, i+1

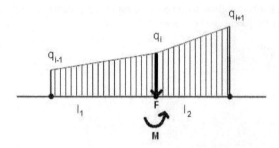

Abbildung 3.3.: Ersatzkräfte aus Streckenlasten

Da diese Berechnung für alle Knoten des Turms erfolgt, ergibt sich aus allen berechneten Kräften und Momenten die gesamte Streckenlast gegen den Turm. Der gesamte Ablauf dieser Berechnung als USR wird im Folgenden gezeigt.

3.2. Die Programmierschnittstellen

Die Abb.3.4. zeigt die Schnittstellen, die SIMPACK zur Einbindung und Ausführung von eigenem Programmcode bietet. Die hauptsächlich in dieser Arbeit behandelten USR werden nachfolgend näher beschrieben. Das Kapitel 3.5. befasst sich mit der Steuerung von SIMPACK über QT-Script. Der in Kapitel 3.6. beschriebene Excel-Preprozessor stellt keine direkte Schnittstelle zu SIMPACK dar, kann aber Modelldateien in einem SIMPACK kompatiblen Format erzeugen.

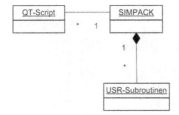

Abbildung 3.4.: Die Programmierschnittstellen von Simpack

User defined Subroutines

SIMPACK bietet die Möglichkeit eigene Elemente in Form von programmierten Subroutinen einzubinden. SIMPACK speichert diese in einer eigenen DLL-Bibliothek. Als Programmiersprachen werden C und Fortran unterstützt. Abb.3.5.

Bei dieser Bachelorarbeit wird Fortran als Programmiersprache genutzt, da sich diese Sprache sehr gut für die programmtechnische Umsetzung von mathematischen Formeln eignet und der Umgang mit mehrdimensionalen Arrays hier besser gelöst ist als in C.

Um Fortran-Routinen aus SIMPACK heraus kompilieren und linken zu können, wird der *Compaq Visual Fortran Compiler* in der Version 6.1 oder höher benötigt. [Compaq-Fortran, 1999] Freie Compiler wie *gfortran* funktionieren hierbei nicht, weil der Sprachumfang des Compaq Compiler zusätzliche C Sprachelemente wie *include* und Preprozessor-Anweisungen enthält. Diese sind ein notwendiger Bestandteil der SIMPACK Userroutinen. [SIMPACK, 2005]

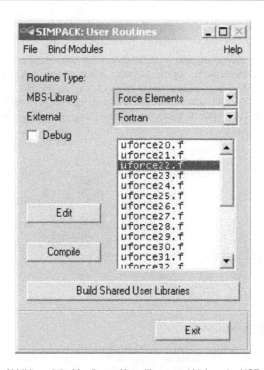

Abbildung 3.5.: Menü zum Kompilieren und Linken der USR

3.3. Bestandteile der User Routinen

3.3.1. Beschreibung des Aufbaus der Userroutinen

Da Simpack zu verschiedenen Zeitpunkten auf die USR zugreift, muss die Programmierung anhand eines vorgegebenes Templates erfolgen. Abb.3.6.

Die Routinen uforce_setup(...) und uforce(...) bekommen einen Integer-Wert *task* übergeben. Dieser dient dazu, dass während des Aufrufs nur bestimmte Teile der Routine ausgeführt werden. Hierzu muss der jeweilige Programmcode an den entsprechenden Stellen innerhalb eines Konstrukts wie hier dargestellt eingefügt werden.

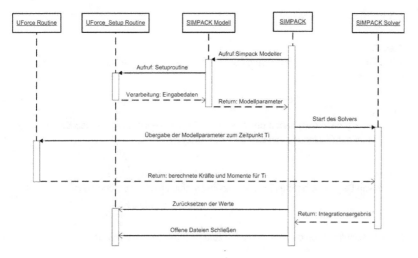

Abbildung 3.6.: Aufruf von Userroutinen aus Simpack

IF (task = 0) **THEN**

  . . .

ELSE IF (task = 1) **THEN**

  . . .

ELSE IF (task = 2) **THEN**

  . . .

ELSE IF (task = 3) **THEN**

  . . .

ELSE IF (task = 4) **THEN**

  . . .

END IF

3.3.2. uforce_type(. . .)

- Festlegung des Namens der USR
- Festlegung des Elementtyps (ID)

3.3.3. uforce_setup(. . .)

Task 0:
Wird zum Zeitpunkt des Modellsetups kontinuierlich ausgeführt und stellt das Benutzerinterface für die USR bereit.

Task 1:
Wird einmalig nach dem Laden des Modells und kontinuierlich während des Setups aufgerufen. Dient der Festlegung von Ein- und Ausgabetypen.

Task 2:
Öffnen von Dateien, Überprüfung von Eingabeparametern und Vorabberechnungen.

Task 3:
Einmaliger Aufruf nach der Zeitintegration zum zurücksetzen von Werten.

Task 4:
Wird nach Abschluss aller Berechnungen aufgerufen. Schließen von geöffneten Dateien

Task 5:
Setzen von Default-Parametern für die Eingabe. Wird nur aufgerufen, wenn im Benutzermenü des Kraftelements die „Default-Parameter" gewählt werden.

3.3.4. uforce(. . .)

Die Routine *uforce(. . .)* wird zu jedem Zeitschritt aufgerufen. Task 0 wird immer ausgeführt, die Ausführung der anderen Tasks ist abhängig von den in SIMPACK eingestellten Berechnungsoptionen.

Task 0:
Enthält die Arrays force und torque welche mit den Kräften und Momenten für alle Achsen beschrieben werden. Diese werden nach Ausführung der Routine von SIMPACK auf das System aufgebracht um die Verschiebungen und Zustände aller Elemente des MKS-Modells neu zu berechnen (Rechte Seite Gl.2.1).

Task 1:
Hier können alternative Berechnungsalgorithmen stehen, die ausgeführt werden können wenn sich die Berechnungsfunktionen in Task 0 unstetig verhalten.

Task 2:
Hier kann der Zustand des Modells zurückgesetzt werden.

Neben diesen fest von SIMPACK benötigten Subroutinen, können zur Strukturierung des Programmcodes weitere eigene Subroutinen im Programmcode enthalten sein.

3.4. Programmierung des Kraftelements

Dieser Abschnitt enthält die konkrete programmtechnische Umsetzung der Kraftkomponente auf die USR.

Voraussetzungen:
Für die korrekte Arbeitsweise der hier beschriebenen USR ist es erforderlich, dass an jedem Kraftangriffspunkt am Modell diese USR angebracht wird, siehe Abb.3.7. Für jeden dieser Punkte wird ein Eintrag in die Parameterdatei benötigt. Der Ausgangspunkt aller USR-Kraftelement muss das Referenzkoordinatensystem Isys sein. Des Weiteren muss das Format von Parameter- und Winddatei strikt eingehalten werden.

Abbildung 3.7.: SIMPACK-Dialog zur Anbringung von Kraftelementen

Die Berechnung besteht aus:

1. Bestimmen der Position im Koordinatensystem

2. Interpolation des Windvektors

3. Berechnung der Kräfte und Momente nach Kapitel 3.1.

Die genauen Schritte und deren Umsetzung auf die USR sind nachfolgend im Detail beschrieben.

3.4.1. Die Parameterdatei:

Zur Berechnung des Staudrucks am Turm und der daraus resultierenden Lasten werden Informationen über die geometrische Form der Turmsegmente benötigt, siehe Gl.3.4. SIMPACK bietet keine Systemfunktion, die es ermöglicht die Parameter von Schnittsektionen abzurufen. Dies und die Notwendigkeit, dass zu jedem Knoten die Nachbarknoten bekannt sein müssen, macht es erforderlich, dass die USR zusätzliche Informationen erhalten müssen. Als Lösung wurde hier eine zusätzliche Parameterdatei angelegt, die die Durchmesser und die Bezeichnungen der Marker der einzelnen Schnittsektionen enthält. Durch die Anordnung innerhalb der Parameterdatei ergibt sich die Reihenfolge der Marker auf dem Turm. Zusätzlich werden in der Parameterdatei die Luftdichte ρ und der c_w-Wert, die für das Modell gelten, gespeichert.

Die Parameterdatei hat den folgenden Aufbau:

$<\rho>$ *$<c_w>$*
$<Anzahl\ der\ Datensätze>$
$<Abstand\ des\ Markers\ vom\ Boden>$ *$<Durchmesser>$*   *$<Name\ des\ Markers>$*   *$//\ \forall\ Knoten$*
Das Listing einer Parameterdatei ist im Anhang A.4. zu finden.

3.4.2. Die Winddatei:

Alle Parameter der Winddatei werden als Header in der ersten Zeile der Datei in folgender Form gespeichert:

$<Y_{Offset}>, <Z_{Offset}>, <\Delta Y>, <\Delta Z>, <\Delta T>, <Y_{Max}>, <Z_{Max}>, <T_{Max}>$

Die Offsets geben an, wie weit die ersten Datensätze von der jeweiligen Koordinatenachse verschoben sind. Für die Zeit wird kein Offset benötigt, da sie im File immer mit 0 beginnt. Die Deltas geben den Abstand zwischen 2 Knoten der jeweiligen Koordinatenachse an. Die Max-Werte geben die Anzahl der Werte der jeweiligen Koordinatenrichtung an. Siehe auch Anhang A.5.

3.4.3. uforce_setup(...)

Task 0:

Im Task 0 erfolgt der Aufruf des Benutzerdialogs. Dieser Task wird während des Modellsetups kontinuierlich ausgeführt. Hier werden als Parameter die Pfade zur einzulesenden Wind- und Parameterdatei benötigt.

Task 1:

Hier muss die Variable *res_flg* mit dem Wert 3 initialisiert werden, damit die USR sowohl Kräfte als auch Momente zurückgibt.

Task 2:

Hier werden die Wind- und Parameterdateien geöffnet und in globalen Arrays gespeichert. So sind zur Berechnungszeit alle relevanten Daten bereits im Hauptspeicher vorhanden und es müssen keine Dateizugriffe mehr erfolgen. Dies ist deutlich effizienter, da die Größe der Winddatei durchaus mehrere MB betragen kann.

Die Wind- und Parameterdaten werden in *COMMON-Blöcken* als globale Variablen gespeichert. Dadurch erhalten sie fest reservierte Speicherbereiche im Hauptspeicher, die von allen USR aus erreichbar sind.

Die Winddatei wird mit der Subroutine *readWindFile(...)* in ein Array mit den Dimensionen $(T_{Max}, Y_{Max}, Z_{Max}, 3)$ eingelesen. Anschließend werden die Dateien wieder geschlossen. Das Schließen kann schon im Task 2 erfolgen, da während der Berechnung keine Dateizugriffe mehr erfolgen.

Da die Routine *uforce_setup(...)* für jeden Knoten gegen den diese Kraft wirken soll einmal aufgerufen wird, muss hier abgefragt werden, ob die Dateien schon eingelesen wurden. Sonst würden die Wind- und Parameterdatei im Falle des S88 Modells 30 mal gelesen und überschrieben werden. Was sich bei einer Winddatei von mehrern MB deutlich in der Ladezeit bemerkbar macht.

3.4.4. uforce(...)

Task 0:

Aufrufe der Berechnungsroutinen.
Pseudocode der Routine: siehe Anhang

Folgende Schritte sind notwendig:

1. An jedem Knoten den globalen Windvektor räumlich interpolieren

2. Für das aktuelle Element die Transformationsmatrix aufbauen

3. Lokale Windgeschwindigkeit am Knoten und den beiden Nachbarknoten des Elements bestimmen

4. Streckenlast für die Knoten bestimmen

5. Aus den Streckenlasten die Ersatzkräfte und -momente bestimmen

6. Rücktransformation des Kraft- und Momentenvektors ins globale Koordinatensystem

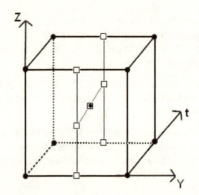

Abbildung 3.8.: Räumliche Interpolation des Windes

Der Windvektor am aktuellen Knoten wird durch Interpolation über alle 3 Koordinatenachsen bestimmt.

Der Zusammenhang zwischen der geometrischen Position im Raum und den Feldindizes im Array ergeben sich folgendermaßen:

$$Index_t \ = \ time/\Delta T + 1 \tag{3.12}$$
$$Index_Y \ = \ (Y - Position/\Delta Y) - (Y_{Offset}/\Delta Y) + 1 \tag{3.13}$$
$$Index_Z \ = \ (Z - Position/\Delta Z) - (Z_{Offset}/\Delta Z) + 1 \tag{3.14}$$

mit Index_t Feldindex für Zeit-Werte
     Index_Y Feldindex für Y-Werte (Horizontal)
     Index_Z Feldindex für Z-Werte (Vertikal)
     time Aktueller Zeitschritt in der Simulation
     ΔT Abstand zwischen 2 Zeit-Positionen
     ΔY Abstand zwischen 2 Y-Positionen
     ΔZ Abstand zwischen 2 Z-Positionen
     Y_{Offset} Offset der Y-Positionen
     Z_{Offset} Offset der Z-Positionen

Da die Indizes für die einzelnen Achsen Integer-Variablen sind, werden die Nachkomma-stellen der Berechnung abgeschnitten. Daraus ergibt sich, das Positionen, die zwischen 2 Stützpunkten liegen, den Index der niedrigeren Stützstelle erhalten. Dies bedeutet, dass die Interpolation Abb.3.8. für jede Achse zwischen den Werten am berechneten Index und dem Index+1 erfolgen muss.

Die vollständige Routine zum Finden von Positionen im Windfeld und Interpolieren von Zwischenwerten ist im Anhang A.3.2. als Pseudocode beschrieben.

Nach Abschluss der Berechnung werden den Arrays *force* und *torque* die für alle Achsen berechneten Ergebnisse zugewiesen. *force* und *torque* sind globale Felder, die von SIMPACK ausgewertet werden. Diese nutzt SIMPACK als Eingabeparameter für die Simulation des physikalischen Verhaltens des Modells.

3.5. Skript-Datei zur automatisierten Berechnung und Ausgabe

SIMPACK bietet die Möglichkeit Abläufe der Berechnung und Ausgabeerstellung per Script-datei zu automatisieren. Als Sprache steht hierzu *QT-Script for Applications* (QSA) zur Verfügung [QSA-Dokumentation, 2005]. In der mit SIMPACK gelieferten Version bietet QSA Funktionen zum Aufruf von Zeitintegrationen und zur Steuerung des Post-Processing Moduls von SIMPACK.

Aufruf aus der SIMPACK Komandozeile mit:

```
spckgui  -s <Datei>.qs
```

Ein vollständiges Beispiel herzu ist im Anhang A.6. zu finden.

Zeitintegration: Im hier behandelten Modell bezeichnet eine Zeitintegration die numerische Berechnung von Kräften und Momenten, die auf das Modell wirken und der daraus resultierenden Verformungen des Modells.

Zunächst wird die Formatierung für die ASCII Ausgabe definiert. Mit *Process.execute* wird die Zeitintegration ausgeführt. Anschließend wird das Ausgabetemplate *AlleSchnitte.spf* geöffnet und die Zusammenstellung von Ergebnissen, welche in dem Template angegeben ist in das ASCII File *ascii_export.csv* exportiert. Diese csv-Files (comma seperated values) können standardmäßig von Programmen wie MatLab oder Excel eingelesen und in Tabellen aufbereitet werden.

Das SIMPACK-Plot-File (.spf) ist ein in XML geschriebenes Template, welches die Zusammenstellung, Anordnung und Darstellungsweise von Ergebnissen aus SIMPACK Berechnungen beschreibt.

Der Funktionsumfang für die SIMPACK-Skript Dateien ist allerdings auf das Starten von zuvor festgelegten Zeitintegrationen und die Formatierung und Ausgabe der Ergebnisse beschränkt. Es dient also im wesentlichen zum erstellen von Batch-Jobs.

3.6. Automatisierung bei der Erstellung von Modellen

Die Erstellung eines Turmmodells in SIMPACK, welches den gestellten Anforderungen entspricht ist über die SIMPACK Oberfläche sehr zeitaufwendig und umständlich. Der GL Wind berechnet viele unterschiedliche Modelle von WEA in kurzer Zeit. Der Aufbau eines WEA-Modells soll nicht viel Zeit in Anspruch nehmen. Daraus ist der Wunsch entstanden, die Parameter, die zum Aufbau eines Modells benötigt werden, tabelliert einzulesen und weite Teile des Aufbaus zu automatisieren. Als erster Schritt ist hierzu ein Programm zu realisieren, welches eine Eingabe der Turmparameter in tabellierter Form ermöglicht, und aus diesen Daten ein SIMPACK-Systemfile erzeugt. Dies ist eine ASCII-Datei, welches das komplette SIMPACK-Modell beschreibt. Der nächste Schritt besteht darin, die Erzeugung der FE-Strukturen mit SIMBEAM und das Wiedereinlesen mit FEMBS zu automatisieren.

Generierung von SIMPACK-System-Files

Alle in einem SIMPACK-Projekt enthaltenen Objekte werden von SIMPACK in einer ASCII-Datei gespeichert. Das Tabellenkalkulationsprogramm *Microsoft®-Excel* und seine Erweiterungsmöglichkeiten durch *Visual Basic for Applications* (VBA) stellen eine gute Plattform, zur Erstellung von SIMPACK-Files aus Tabellierten Eingabewerten dar. Für die Erstellung des System-Files werden die Parameter der einzelnen Knotenpunkte des Turmes (Höhe, Durchmesser, Wandstärke) aus vorher festgelegten Tabellenfeldern eingelesen. Anschliessend werden per VBA-Makro für alle Knoten Schnittsektionen, Marker und Kraftelemente generiert, und als ASCII-String in eine Datei geschrieben. Parallel zu der Erstellung des System-Files wird innerhalb des Makros auch die Parameterdatei erzeugt, die für die USR benötigt wird. Diese benötigt die selben Parameter in einem für Fortran lesbaren Format.

	A	B	C	D	E	F	G	H
1	Knoten	Höhe	Durchmesser	Wandstärke		Pfad für Ausgabedatei:		
2		m	m	m		c:\		
3	1							
4	2							
5	3						Modell Erzeugen	
6	4							
7	5							
8	6							
9	7							
10	8							
11	9							
12	10							
13	11							
14	12							
15	13							
16	14							
17	15							

Abbildung 3.9.: Screenshot des Excel-Preprozessors

4. Ergebnisse

4.1. Vergleich der Ergebnisse von SIMPACK und RSTAB

Um herauszufinden, ob die Rechenergebnisse von SIMPACK und RSTAB überhaupt plausibel sind wurde zunächst überprüft, ob die von diesen Programmen berechneten Modellparameter gleich sind. Hier zu wurden wie in Abb.4.1. gezeigt, die Materialsteifigkeiten für die Biegung um die horizontalen Achsen (X und Y) der beiden Turmmodelle an ihren einzelnen Schnitten verglichen. Die Steifigkeiten bestimmen sich aus Querschnittsfläche, geometrischer Form und den Materialeigenschaften an den einzelnen Schnitten des Modells. Diese Werte wurden von SIMPACK und RSTAB identisch berechnet. Dementsprechend kann hier gesagt werden, dass beide Modelle das selbe Biegeverhalten besitzen.

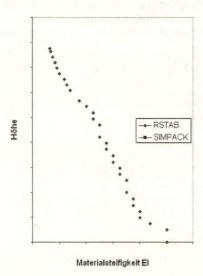

Abbildung 4.1.: Materialsteifigkeiten der einzelnen Schnitte in SIMPACK und RSTAB

4.1.1. Statische Belastung

SIMPACK-Modell (1 Body mit 30 Knoten)

SIMPACK   1 Body mit 30 Knoten (SIMBEAM FE-Struktur)
RSTAB: 30 Knoten FE-Struktur
Einspannung: Fest
Turmkopfmasse: Enstprechend S88 Lastbericht
Kraft in X-Richtung: 100 kN gegen den Turmkopf

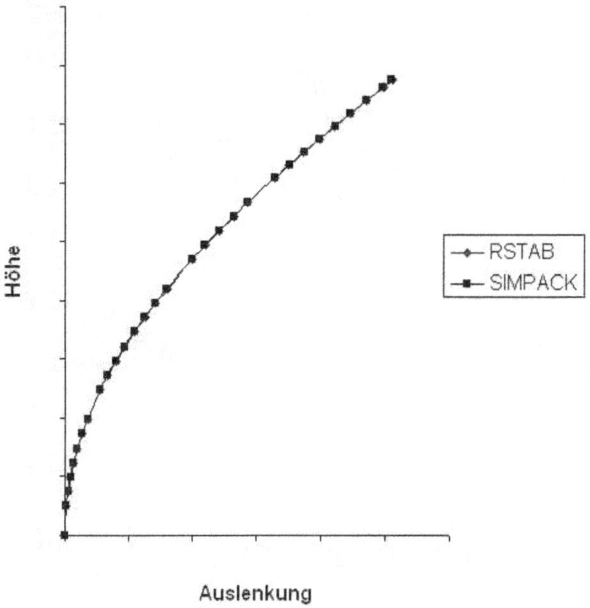

Abbildung 4.2.: Vergleich der Biegelinien zwischen SIMPACK und RSTAB

Es ist aus Abb.4.2. ersichtlich, dass die Biegelinie des mit SIMPACK berechneten Modells fast exakt mit der des RSTAB-Modell übereinstimmt. Die Abweichungen liegen weitgehend innerhalb der Toleranzgrenzen (± 3%). Tabelle 4.1.

Segment	Höhe	Abweichung
	m	%
1	0	0
2	4,96	3,71
3	7,4	3,31
4	9,84	2,89
5	12,28	2,45
6	14,72	2,2
7	17,29	1,59
8	19,86	1,18
9	24,74	0,52
10	27,18	0,25
11	29,62	0,04
12	32,16	2,3
13	34,61	-0,27
14	37,15	-0,34
15	39,59	-0,28
16	42,03	-0,35
17	46,91	-0,23
18	49,35	-0,14
19	51,79	-0,04
20	54,31	0,07
21	56,55	0,15
22	60,89	0,29
23	63,06	0,29
24	65,25	0,27
25	67,43	0,22
26	69,63	0,12
27	71,83	0,04
28	74,03	-0,18
29	76,24	-0,38
30	77,5	-0,47

Tabelle 4.1.: Abweichungen der Durchbiegungen zwischen SIMPACK und RSTAB

SIMPACK-Modell (2 Bodies mit jeweils 15 Knoten)

In Abb.4.3. ist der Vergleich des aus 2 Bodies bestehenden SIMPACK-Modells mit dem
RSTAB-Modell zu sehen. Es ist hier deutlich zu erkennen, dass die Marker des unteren
Bodies (die unteren 16 Diagrampunkte) recht genau mit denen des RSTAB-Modells überein-
stimmen. In der oberen Hälfte laufen die Biegelinien deutlich auseinander.

SIMPACK   2 fest verbundene Bodies mit jeweils 15 Knoten (SIMBEAM FE-Struktur)
RSTAB: 30 Knoten FE-Struktur
Einspannung: Fest
Turmkopfmasse: Enstprechend S88 Lastbericht
Kraft in X-Richtung: 100 kN gegen den Turmkopf

Für eine Erklärung hierzu siehe Kapitel 2.2.2.

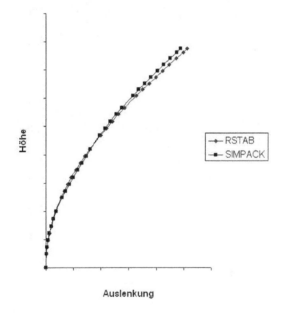

Abbildung 4.3.: Vergleich RSTAB-Modell und SIMPACK-2-Bodies-Modell

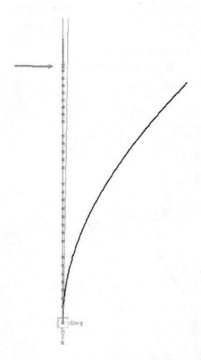

Abbildung 4.4.: Modell des Turms in RSTAB (ausgelenkt)

Abbildung 4.5.: SIMPACK-Modell (ausgelenkt)

4.1.2. Dynamisches Verhalten

Die Eigenfrequenzen beider Modelle Tabelle 4.2. liegen leicht über den im Lastbericht der S88 [S88-Lastbericht, 2005] angegebenen Werten. Dies ist dadurch zu erklären, dass die Türme in RSTAB und SIMPACK fest eingespannt sind d.h. sie besitzen keine Freiheitsgrade am Fundament, im Gegensatz zu der weichen Einspannung, die dem Lastbericht der S88 zu Grunde liegt. Für genauere Eigenfrequenzen mus die Steifigkeit des Fundaments bestimmt und diese durch Federn im Modell dargestellt werden. Dieses Modell benötigt am Turmfuß dann Freiheitsgrade für die Verschiebung in X- und Y-Richtung und Rotation um X- und Y-Achse.

Die Abweichungen der ersten 3 Eigenfrequenzen vom SIMPACK-Modell im Vergleich zu dem mit RSTAB gerechneten Modell sind in Tabelle 4.2. dargestellt.

Nr.	Fehler in %
1	0
2	0.9
3	13.7

Tabelle 4.2.: Abweichungen der ersten 3 Eigenfrequenzen von SIMPACK zu RSTAB

4.2. Bewertung der Ergebnisse

Es konnte gezeigt werden, dass der mit SIMPACK erstellte Turm in seinem statischen und dynamischen Verhalten mit dem RSTAB Modell gut übereinstimmt. Die Abweichungen zwischen den Modellen liegen alle in einem tolerierbaren Bereich von weniger als 3%. Somit wurde gezeigt, dass SIMPACK Modelle von großen elastischen Strukturen wie dem hier behandelten WEA-Turm ausreichend genau berechnet. Die Zeitreihen in Abb.4.6. und Abb.4.7. zeigen die von der USR zu jedem Zeitschritt neu berechneten Kräfte und Momente. In Abb.4.8. sind die Auslenkungen der hier betrachteten 3 Schnitte im Zeitverlauf zu sehen, die von den auf das Modell wirkenden Windlasten abhängen. Die der Berechnung zu Grunde liegende Winddatei hat eine mittlere Windgeschwindigkeit von 10 m/s mit einer Turbulenz von 50%. D.h. die Windstärke zu jedem Zeitschritt liegt zwischen 5 und 15 m/s.
Die Schnitte liegen in den Höhen:

- 27,18 m

- 54,31 m

- 77,5 m

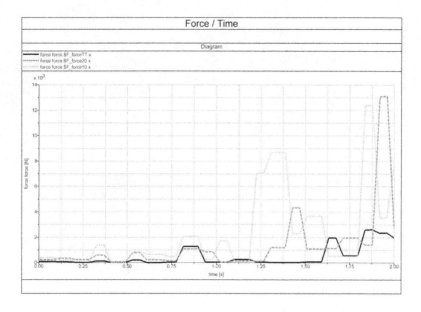

Abbildung 4.6.: Zeitreihe: Kräfte an 3 Schnitten des Turms

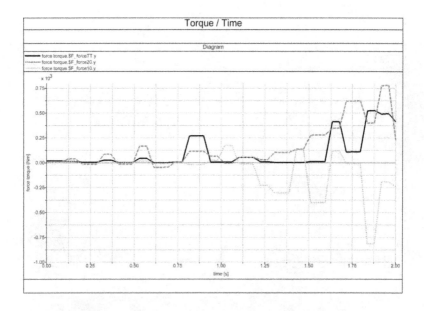

Abbildung 4.7.: Momente um die Y-Achse an den 3 Schnitten des Turms

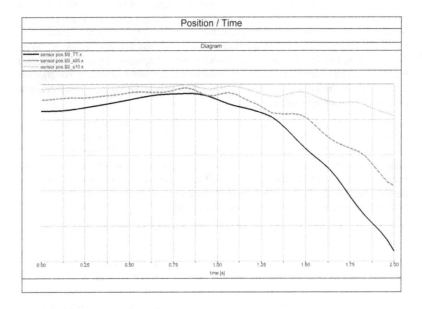

Abbildung 4.8.: Zeitreihe: Auslenkung in X-Richtung an 3 Schnitten des Turms

5. Fazit und Ausblick

Ziel dieser Bachelorarbeit war es, Teile eines Simulationsmodells zur Lastberechnung von WEA mit SIMPACK zu entwickeln. Im Vordergrund stand dabei die Erweiterung von SIMPACK über die USR-Programmierschnittstelle. Hier mussten, nach einer Einarbeitung in die Programmiersprache Fortran, Routinen entwickelt werden, die Dateien mit Wind-Zeitreihen einlesen. Innerhalb dieser Windfelder waren Windgeschwindigkeiten an einzelnen Punkten im Raum durch Interpolation zu bestimmen. Des weiteren wurden die physikalischen Formeln, um aus diesen hieraus Kräfte und Momente die auf das Modell wirken zu bestimmen, in Fortran umgesetzt.

Bevor mit der Programmierung der USR begonnen werden konnte, mussten zunächst die möglichen Konzepte zur Modellierung von WEA-Türmen analysiert werden. Zu dem Aufbau von Modellen mit großen elastischen Strukturen in einer MKS-Software wie SIMPACK existieren bisher wenig Erfahrungen. Innerhalb dieser Arbeit konnten Kenntnisse über die Funktionsweisen von SIMPACK und SIMBEAM gesammelt werden. Das Modellierungskonzept wurde durch die Analyse des Biegeverhaltens und der Eigenfrequenzen des Turms im Vergleich mit anderen Simulationsprogrammen validiert.

Danach erfolgte das Anbringen der USR auf das Turmmodell und die Überprüfung der Funktionsweise.

Ein automatisierter Ablauf von Berechnungen, wie die Zeitintegration und die formatierte Ausgabe von Ergebnissen wird mit Hilfe der Skriptsprache QSA als Batch-Job realisiert. Der Funktionsumfang dieser Sprache ist allerdings auf diese Anwendung beschränkt, so dass sich weitere Automatisierungen z.B. bei der Modellerstellung hiermit nicht realisieren lassen. Zur vereinfachten Modellierung von WEA-Türmen wurde in Excel ein Preprozessor geschrieben, der Turmparameter tabelliert einliest und daraus ein sIMPACK-Modell erstellt.

Es konnte in dieser Bachelorarbeit gezeigt werden, dass mit SIMPACK und seinen Programmierschnittstellen ein Simulationsmodell zur Berechnung von Windlasten aufgebaut werden kann. Ebenfalls wurde gezeigt, dass ein flexibles Modell eines WEA-Turms, mit dem FE-Modul SIMBEAM in seinem statischen und dynamischen Verhalten korrekt berechnet wird.

Probleme bestehen noch bei der Ausgabe von Rechenergebnissen innerhalb der flexiblen Körper. Die Eigenform eines flexiblen Körpers wird nur für die Verschiebung des Turmkopfes gegenüber des Turmfußes bestimmt. Nur durch die Anbringung zusätzlicher Dummy-Körper an den einzelnen Schnittsegmenten kann eine Eigenform für alle Querschnitte bestimmt werden. Für die Ausgabe von Schnittkräften in flexiblen Körpern konnte noch keine Lösung gefunden werden, die den Modellierungsaufwand nicht extrem erhöht oder weitere FE-Programme benötigt.

Die nächsten anstehenden Arbeiten, um SIMPACK für die komplette Simulation von WEA nutzen zu können, ist die Modellierung eines Rotors mit SIMPACK und SIMBEAM. Hierzu müssen die USR angepasst werden, sodass neben dem Staudruck auch Auftriebskräfte von den Rotorblättern berechnet werden können. Die Routinen zum Einlesen und Interpolieren von Winddaten können dazu unverändert weiterverwendet werden. Falls die Notwendigkeit besteht, die Einflüsse des Modells auf das Strömungsverhalten des Windes genauer zu simulieren, müssen die USR durch Algorithmen aus dem Bereich der *Computational Fluid Dynamics* (CFD) erweitert werden [Anderson, 1995], [Krüger und Spieck, 2002].

Danach kann ein Zusammenbau der einzelnen Komponenten in SIMPACK erfolgen. (Ein MKS-Modell vom Triebstrang und Getriebe der S88 wird bei GL Wind zur Zeit entwickelt). Hier ist es dann wichtig, dass die Übertragung von Kräften und Momenten zwischen den einzelnen Baugruppen korrekt funktioniert.

Wenn zukünftige Versionen von SIMBEAM die Ausgabe von Schnittkräften aus einer FE-Struktur ermöglichen, wären einige Vereinfachungen bei der Modellerstellung von Turm und Blättern denkbar.

Literaturverzeichnis

[Simpack-Support]   : *persönliche Kommunikation mit dem SIMPACK Support.* Telefon, Email

[RSTAB]   *RSTAB das räumliche Stabwerk.* Ing.-Software Dlubal GmbH. – Version 5.14

[TU-Dresden 1997]   : *Methoden und Werkzeuge zum Entwurf von Mikrosystemen.* Paderborn, 1997. – ISSN 2947-1413

[Compaq-Fortran 1999]   *Compaq Fortran Language Reference Manual.* Digital Equipment Corporation. 1999. – Order-Number: AA-Q66SD-TK

[GLWind-Richtlinie 2003]   : *Guideline for the Certification of Wind Turbines.* Germanischer Lloyd WindEnergie GmbH. 2003

[Wikipedia 2005]   : *Mechanische Simulation.* http://de.wikipedia.org/wiki/Mechanische_Simulation. 2005

[QSA-Dokumentation 2005]   : *Qt Script for Applications.* http://doc.trolltech.com/qsa-1.2.0/index.html. 2005

[SIMPACK 2005]   : *SIMPACK User Guide.* INTEC GmbH. 2005

[INTEC-Angebot 2005]   *Wind Turbine Simulation with SIMPACK - In answer to Germanischer Lloyd Windenergie Anforderungen an MKS-Software.* 2005. – Antwort auf Anfrage von GL Wind

[windpower-monthly 2005]   : *Windpower Monthly.* http://www.windpower-monthly.com. 2005

[S88-Lastbericht 2005]   : *Zertifikationsdokument für die Lastenberechnung.* Suzlon Energy GmbH. 2005

[Anderson 1995]   ANDERSON, John D.: *Computational Fluid Dynamics.* New York : McGraw-Hill Inc., 1995. – ISBN 0-07-113210-4

[Dowell 1980]   DOWELL, Earl H.: *A modern course in aerolastic.* The Netherlandy : Sithoff & Noordhoff, alpen aan den Rijn, 1980. – ISBN 90-286-0057-4

[Eggleston und Stoddard 1987]   EGGLESTON, David M. ; STODDARD, Forrest S.: *Wind Turbine Engineering Design.* New York, USA : Van Nostrand Reinhold Company Inc., 1987. – ISBN 0-442-22195-9

[Grote und Feldhusen 2004]   GROTE, Karl-Heinrich ; FELDHUSEN, Jörg: *Dubbel Taschenbuch für den Maschinenbau.* Berlin : Springer Verlags AG., 2004. – ISBN 3540221425

[Gummert und Reckling 1986]   GUMMERT, Peter ; RECKLING, Karl-August: *Mechanik.* Braunschweig : Friedr. Vieweg & Sohn Verlagsgesellschaft mbH, 1986. – ISBN 3-528-08904-0

[Krüger und Spieck 2002]   KRÜGER, W.-R. ; SPIECK, Heinrich. M.: *Fluid Structure Coupling using CFD and multibody simulation methods.* Braunschweig: ICAS 2002 Congress (Veranst.), 2002

[Ostermeyer 1997 / 1998]   OSTERMEYER, G.P.: *Mechanik I und II.* Technische Universität Berlin, 1997 / 1998. – Vorlesungsskript

A. Anhang

A.1. Verwendetes Koordinatensystem

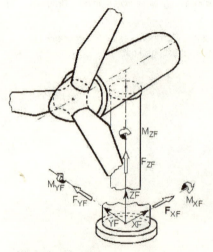

XF   horizontal
ZF   vertikal nach oben in Richtung der Turmachse
YF   horizontal zur Seite,
     so dass XF, YF, ZF rechtsdrehend sind

Abbildung A.1.: Turmfuß-Koordinatensystem [GLWind-Richtlinie, 2003]

Das raumfeste Turmfuß-Koordinatensystem das beim GL Wind einheitlich verwendet wird, hat seinen Ursprung im Schnittpunkt der Turmachse mit der Fundament-Oberkante. Es rotiert nicht mit der Gondel. Es entspricht dem Koordinatensystem, welches SIMPACK für den *Reference Frame* verwendetet. Der globale Windvektor muss in diesem Koordinatensystem dargestellt sein.

A.2. Eigenformen des Turms

Hier werden die extremsten Verformungen der Eigenformen gezeigt. Diese Form nimmt der Turm bei einer Anregung ind der jeweiligen Eigenfrequenz an. Die seitliche Auslenkung der Schnitte wurde mit dem Faktor 1000 überzeichnet dargestellt.

1. Eigenform

Abbildung A.2.: 1. Eigenform

2. Eigenform

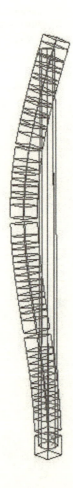

Abbildung A.3.: 2. Eigenform

3. Eigenform

Abbildung A.4.: 3. Eigenform

A.3. Pseudocode

Hier sind die wichtigsten, in dieser Arbeit programmierten, Routinen als Pseudocode dargestellt. Die Syntax des hier verwendeten Pseudocode orientiert sich an der verwendeten Programmiersprache Fortran.

A.3.1. Aufruf mit jedem Zeitschritt

Dieser Code befindet sich im Task 0 der uforce() Routine. Er wird zu jedem Berechnungsschritt einmal aufgerufen.

```
! Finden der Position count in der Parameterdatei
count = 1
DO WHILE (count < Anzahl Marker auf dem Turm)
    Hole ID des Markers <Markername>
    IF (markerID = aktueller Marker) THEN
        EXIT ! Verlasse Schleife
    END IF
    count = count + 1
END DO


IF (aktueller Marker = unterster Marker) THEN

    Interpoliere globalen Windvektor für Knoten(count)
    Interpoliere globalen Windvektor für Knoten(count+1)
    Transformiere Windvektor für Knoten(count) in lokale
    Koordinaten
    Transformiere Windvektor für Knoten(count+1) in lokale
    Koordinaten
    Berechne Streckenlast für Knoten(count)
    Berechne Streckenlast für Knoten(count+1)
    Streckenlast für Knoten(count-1) = 0
    Länge Strecke 1 = 0
    Länge Strecke 2 = Höhe Knoten(count+1) - Höhe Knoten(count)

ELSE IF (aktueller Marker = oberster Marker) THEN
```

Interpoliere globalen Windvektor für Knoten(count)
Interpoliere globalen Windvektor für Knoten(count-1)
Transformiere Windvektor für Knoten(count) in lokale Koordinaten
Transformiere Windvektor für Knoten(count-1) in lokale Koordinaten
Berechne Streckenlast für Knoten(count)
Berechne Streckenlast für Knoten(count-1)
Streckenlast für Knoten(count+1) = 0
Länge Strecke 1 = Höhe Knoten(count) - Höhe Knoten(count-1)
Länge Strecke 2 = 0

ELSE

Interpoliere globalen Windvektor für Knoten(count)
Interpoliere globalen Windvektor für Knoten(count-1)
Interpoliere globalen Windvektor für Knoten(count+1)
Transformiere Windvektor für Knoten(count) in lokale Koordinaten
Transformiere Windvektor für Knoten(count-1) in lokale Koordinaten
Transformiere Windvektor für Knoten(count+1) in lokale Koordinaten
Berechne Streckenlast für Knoten(count)
Berechne Streckenlast für Knoten(count+1)
Berechne Streckenlast für Knoten(count-1)
Länge Strecke 1 = Höhe Knoten(count) - Höhe Knoten(count-1)
Länge Strecke 2 = Höhe Knoten(count+1) - Höhe Knoten(count)

END IF

Berechne Ersatzkräfte und -Momente für Knoten(count)

A.3.2. Interpolation des zu der Position eines Markers gehörenden Windvektors.

Die Routine **getWindAtPosition()** bestimmt die 8 Knotenpunkte die einen Raumpunkt umgeben und ruft die Subroutine **TrilinInterpol()** auf, die den Windvektor an dem Raumpunkt interpoliert.

SUBROUTINE getWindAtPosition(...)

Bestimmung der Position des Markers im globalen Koordinatensystem
Zähler countT, countY, countZ auf Position im Windfeld unterhalb
der Markerposition setzen (für alle 3 Achsen)
countZ = (pos(3) / ΔZ) - (Z_{Offset}/ ΔZ) + 1
countY = (pos(2) / ΔY) - (Y_{Offset}/ΔY) + 1
countT = time / ΔT +1

IF (pos(2) < Y_{Offset} + ΔY) **THEN**
    countY = 1
END IF

IF (pos(3) < Z_{Offset} + ΔZ) **THEN**
    countZ = 1
END IF

Erstelle Matrix (2,2,2,3) für Positionen der
8 Windvektoren, die den Marker umgeben

Erstelle Matrix (2,2,2,3) für Werte der
8 Windvektoren, die den Marker umgeben

IF (Markerposition < 1. Z-Position) **THEN**
    Positionsmatrix wo Z = countZ 0 setzen
    Wertematrix wo Z = countZ 0 setzen
END IF

IF (Markerposition >= letzte Z-Position) **THEN**
    Positionsmatrix wo Z = Z_{Max}+1 auf Z_{Max} setzen
    Wertematrix wo Z = Z_{Max}+1 auf Z_{Max} setzen
END IF

```
IF (Markerposition < 1. Y-Position) THEN
    Positionsmatrix wo Y = countY 0 setzen
    Wertematrix wo Y = countY 0 setzen
END IF

IF (Markerposition >= letzte Y-Position) THEN
    Positionsmatrix wo Y = Y_Max+1 auf Y_Max setzen
    Wertematrix wo Y = Y_Max+1 auf Y_Max setzen
END IF

IF (Zeit >= letzter Zeitpunkt) THEN
    Positionsmatrix wo t = T_Max+1 auf T_Max setzen
    Wertematrix wo t = T_Max+1 auf T_Max setzen
END IF

axisCount = 1
DO WHILE (axisCount <= 3)
    Trilineare Interpolation zur Bestimmung des Windvektors
    an der Markerposition für Achse axisCount
    Hole Geschwindigkeitsvektor des Markers aus SIMPACK
    Wind(axisCount) = Wind(axisCount) - Eigenbewegunng
    axisCount = axisCount + 1
END DO
RETURN Wind
END
```

Die Routine **TrilinInterpol()** interpoliert eine Position in einem 3-Dimensionalen Quader, der durch 8 Knotenpunkte definiert wird.

SUBROUTINE TrilinInterpol(. . .)
   ! Siehe hierzu auch Abb.3.7..
   Lineare Interpolation der X-Achse bei Y = 1 und Z = 1
   Lineare Interpolation der X-Achse bei Y = 2 und Z = 1

   Lineare Interpolation der Y-Achse zwischen den interpolierten X-Werten bei Z = 1

   Lineare Interpolation der X-Achse bei Y = 1 und Z = 2
   Lineare Interpolation der X-Achse bei Y = 2 und Z = 2

   Lineare Interpolation der Y-Achse zwischen den interpolierten X-Werten bei Z = 2

   Lineare Interpolation der Z-Achse zwischen den interpolierten Y-Werten
   RETURN interpolierter Wert
END

SUBROUTINE LinInterpol(. . .)

   IF (x1 = x0) **THEN** ! Division durch 0 abfangen
      res = f0
   ELSE
      res = f0 + ((f1-f0) / (x1-x0)) * (x-x0)
   END IF
   RETURN res
END

A.3.3. Aufruf der Einleseroutinen

Dieser Code befindet sich im Task 2 der uforce_setup() Routine. Er wird vor dem Start einer Zeitintegration einmalig aufgerufen.

```
Überprüfe ob Winddatei existiert
IF (Winddatei existiert) THEN
    IF (Winddatei wurde noch nicht eingelesen) THEN
        Öffne Winddatei
        Aufruf von readWindFile
        Schließe Winddatei
    End If
ELSE
    Fehlermeldung: "Winddatei existiert nicht"
    Beende USR
END IF

Überprüfe ob Parameterdatei existiert
IF (Parameterdatei existiert) THEN
    IF (Parameterdatei wurde noch nicht eingelesen) THEN
        Öffne Parameterdatei
        Aufruf von readParameterFile
        Schließe Parameterdatei
    End If
ELSE
    Fehlermeldung: "Parameterdatei existiert nicht"
    Beende USR
END IF
```

A.3.4. Pseudocode der Routine zum Einlesen der Winddatei

SUBROUTINE readWindFile(. . .)

   REWIND ! Zeiger auf Dateianfang setzen

   ! Einlesen des Headers:
   READ Y_{Offset}, Z_{Offset}, ΔY, ΔZ, ΔT, Y_{Max}, Z_{Max}, T_{Max}

   countT = 1
   DO WHILE (countT <= T_{Max})
     countY = 1
     DO WHILE (countY <= Y_{Max})
       countZ = 1
       READ ! Trennzeichen einlesen
       DO WHILE (countZ <= Z_{Max})

         ! Windvektor der Position (countT, countY, countZ) einlesen:
         READ windData(countT, countY, countZ, 1),
              windData(countT, countY, countZ, 2),
              windData(countT, countY, countZ, 3)

       countZ = countZ + 1
       END DO
       countY = countY + 1
     END DO
     countT = countT + 1
   END DO
END

A.3.5. Einleseroutine für die Parameterdatei

SUBROUTINE readParameterFile(. . .)

    REWIND ! Zurück zum Dateianfang

    ! Luftdichte und C_W-Wert des Turms einlesen:
    READ rho, cw

    ! Anzahl Datensätze einlesen:
    READ maxcount

    count = 1 ! Zähler initialisieren
    DO WHILE (count <= maxcount) ! Alle Datensätze lesen
        ! Einlesen von Höhe, Durchmesser und Name des Markers am Knoten(count):
        READ Knotenwerte(count, 1), Knotenwerte(count, 2), markerbezeichner(count)
        count = count + 1
    END DO
END

A.4. Parameterdatei

Beispielhafte Parameterdatei für einen WEA-Turm:
Die erst Zeile enthält die Luftdichte ρ und den c_w Wert des Turms. In der zweiten Zeile steht die Anzahl der Schnitte, die den Turm beschreiben. Danach folgen die Einzelnen Schnitte jeweils mit:
Höhe im globalen Koordinatensysten, Durchmesser, Bezeichnung des Markers.

Diese Parameterdatei beschreibt einen fiktiven WEA-Turm, dessen Geometriedaten in keinem Zusammenhang mit denen der S88 stehen.

```
1.204 0.6
30
0.0     4.50    $M_Tower1
5.0     4.40    $M_Tower1_Seg2
7.5     4.10    $M_Tower1_Seg3
10.0    4.05    $M_Tower1_Seg4
12.25   4.05    $M_Tower1_Seg5
14.75   4.04    $M_Tower1_Seg6
17.00   4.035   $M_Tower1_Seg7
19.50   4.035   $M_Tower1_Seg8
24.75   4.03    $M_Tower1_Seg9
27.00   4.03    $M_Tower1_Seg10
29.50   4.025   $M_Tower1_Seg11
32.00   4.025   $M_Tower1_Seg12
34.50   4.013   $M_Tower1_Seg13
37.25   4.01    $M_Tower1_Seg14
39.50   4.01    $M_Tower1_Seg15
42.00   4.00    $M_Tower1_Seg16
47.00   4.00    $M_Tower1_Seg17
49.25   3.95    $M_Tower1_Seg18
51.75   3.90    $M_Tower1_Seg19
54.25   3.85    $M_Tower1_Seg20
56.50   3.80    $M_Tower1_Seg21
60.75   3.75    $M_Tower1_Seg22
63.75   3.70    $M_Tower1_Seg23
65.25   3.65    $M_Tower1_Seg24
67.50   3.60    $M_Tower1_Seg25
69.75   3.55    $M_Tower1_Seg26
71.75   3.50    $M_Tower1_Seg27
```

```
74.00   3.45    $M_Tower1_Seg28
76.25   3.40    $M_Tower1_Seg29
78.00   3.3     $M_Tower1_SegTT
```

A.5. Winddatei

Auszug aus einer Winddatei mit:

Y_{Offset} = -10m, Z_{Offset} = 10m
ΔY = 10m, ΔZ = 10m, ΔT = 0,1m
T_{Max} = 30, Y_{Max} = 3, Z_{Max} = 3
Durchschnittliche Windgeschwindigkeit = 10 m/s Turbulenz = 0,5

Die komplette Winddatei befindet sich auf der beiliegenden CD (*wind.txt*). zur Generierung von Winddateien kann die Excel-Vorlage *generiereWindfile.xls* verwendet werden.

```
-10  0  10  10  0.1  3  10  30
1
11.03    1.01    0
8.95     0.96    0
7.57     1.05    0
11.05    0.92    0
11.81    1.05    0
12.31    1.07    0
12.25    0.98    0
11.34    0.92    0
9.84     0.96    0
10.74    0.96    0
1
11.65    1.06    0
12.43    1.07    0
10.98    1.09    0
10.17    0.93    0
10.88    0.91    0
8        0.93    0
8.92     0.92    0
9.41     0.96    0
12.4     0.98    0
8.3      0.94    0
1
9.55     0.98    0
9.13     1.02    0
8.43     1.02    0
```

```
9.79    1.07   0
11.43   0.98   0
12.1    1.02   0
9.64    0.93   0
10.97   1.07   0
7.61    1.01   0
9.65    1.03   0
1
10.07   0.99   0
9.52    0.96   0
8.72    1.09   0
9.45    0.98   0
8.28    1      0
10.64   1.01   0
12.19   1.03   0
9.45    0.93   0
9.8     1.05   0
11.66   0.91   0
```

. . .

A.6. ASCII-Export Script

Beispiel für die automatisierte Berechnung einer Zeitreihe und anschließender Erstellung
einer ASCII-Ausgabe mit QT-Script:

```
// ----------------------
// ASCII Export Settings
// ----------------------

AsciiExporter.setSeparator(";");
AsciiExporter.setTextIdentifier("\"");
AsciiExporter.setNumericComma(",");
AsciiExporter.setNumberFormat(AsciiExporter.FIXED);
AsciiExporter.setPrecision(8);
AsciiExporter.setValuesFiltered(true);
AsciiExporter.setValuesInBounds(true);
AsciiExporter.setObjectsInSeparateLine(Spck.PROJECT);
AsciiExporter.setOneXColumnPerDiagram(true);
AsciiExporter.setTextsToWrite(Spck.PROJECT|Spck.DIAGRAM|
  Spck.CURVE);
AsciiExporter.setWriteUnits(false);

// ------------------------------------------------------------
// Start the SIMPACK solver for model 30Schnitt_Simbeam_Modell_1Body
// ------------------------------------------------------------
Process.execute("simpack integ fullsbr
 D:/Hendrik/Bachelorarbeit/Models/Getting_Started/
 30Schnitt_Simbeam_Modell_1Body fg");

// ------------------------------------------------------------
// Open the Project and export the Curves in ascii format
// ------------------------------------------------------------

var SpckProject = Spck.openProject("D:/Hendrik/
 Bachelorarbeit/Models/Getting_Started/
 30Schnitt_Simbeam_Modell_1Body.spf");

AsciiExporter.exportToFile(SpckProject,
 "D:/Hendrik/Bachelorarbeit/Models/
```

```
 Getting_Started/ascii_export.csv");
Spck.closeProject(SpckProject);
```